우리에겐 살아가면서
피해갈 수 없는 것들이 있다.
'사랑, 시간, 나와 너'

우린 사랑하고 미워하며,
시간을 살고, 나와 내가 아닌
다른 이에 대해 생각하고 또 생각한다.

이 책속의 글은 모두
어쩌면 나와 당신의 이야기

머리말

길지 않은 생애지만 나에게도 살고 싶지 않던 시절이 있었다. 그때 우연치 않게 시작한 것이 '산책'이었다.

산책을 하면서 내 핸드폰 속에는 당연한 절차를 밟듯 '기분전환'이라는 제목의 메모장이 생겨났다. 처음엔 콩알만 한 크기였는데 지금은 숨을 쉬기 위해서 없어서는 안 될 만큼 커다란 숲이 되었다.
'기분전환' 어쩌면 본능적으로 키워나갔을지도 모른다. 고요하지만 살기 위해, 필사적으로 몸부림쳤다.

 산책을 하고, 기분전환 메모장을 채워나가며 생각을. 마음을, 감정을 정리하고 받아들이고 흘려보내면서 '살고 싶다.'라는 생각에 이르렀다. 별 거 아닌 줄 알았는데 다시 태어난 듯 내가 새로워진 다는 게, 살고 싶어진다는 게 어이없게 신기했다.

 이 책속에는 산책을 하다 떠오른 생각, 촬영한 사진, 기분을 전환시켜 새로워진 마음으로 기록한 것들이 담겨져 있다. 한 페이지를 넘길 때 마다. 당신에게 공감과 위로를 불러일으킬 수 있길 간절히 바란다.

 산책이 아니더라도 괜찮다. 당신을 살게 하는 무언가를 찾을 수 있다면, 그걸로 충분하다.

목차

머리말 4

일, 영원의 순간 11

순간의 영원 · 꿈 · 당신은 멋진 시계를 가졌군요 · 살아갈 이유 · 갤럭시의 따뜻한 배려 · 일기 · 달 · 오늘은 오늘이 마지막인데 · 새로운 시작 · 소중한 그리움 · 자기 전 인사

글을 쓰는 이유

이, 나는 어차피 나 39

나의 가치 · 아름답다, 나답다 · 나는 · 나는2 · 일단
은 출근 · 출태기 · 유일무이한 나 · 얼마나 다행인지
· 나의속도 · 흔들리는 별 · 흔들리는 별(전문) · 나
의 길 · 나 어떡해 · 뭐든 체력이 중요해 · 할까 말까
· 지진이 날 땐 흔들리기 · 외로움을 채우는 방법
· 잔잔한 물결 같은 사람이 되고 싶다 · 잘 되었어도
걱정이었으니 잘한 거야 · 이름직업 말고 자기소개
· 괜찮지 않아도 괜찮아 · 최고의 찬사 · 나만의 색깔
· 가장 친한 나 · 좋은 친구의 시선 · 주인공 · 결혼
은 이렇게

'산책 같은 사람'
당신은 어떤 사람이 되고 싶나요?

삼, 사랑 그 애틋한 **107**

뭔가 잘못 됐어 · 평범한 마음 · 어질어질해 · 영원의 순간 · 기다림, 설레는 마음 · 로맨틱한 말 · 사랑이 전부라고 · 너가 날· 내 하루를 온통 흔드는 그대 · 나는 나를 사랑하고 · 그 애는 아카시아를 꺾는 내 모습에 반했다고 했다 · 꿈속에 너 · 안부 · 이상형 · 선물의 이유 · 산책 같은 사람 · 연애의 갈등 · 우리가 헤어진 이유 · 너도 내 생각을 할까 · 빨려 들어갈 것만 같아 · 예전에는 · 도와줘도 될까요? · 돌고 돌아 다시

사, 기분전환 151

행복 · 감정에 롤러코스터 · 하루 · 좋아서 죽을 것 같아 · 우울한 날 · 산책 · 황홀경1 · 황홀경2 ·체력 · 약은 아니지만 항우울제 · 고마운 선물 · 여행을 하지 않는다는 건 · 눈과 귀와 입과 손과 코로 · 기분전환 메모장 · 마음의 타이밍 · 나를 살리는 대화 · 선물 받은 향수

디자인, 고민의 흔적

ം. 영원의 순간

순간의 영원

의식에 흐름대로 산다.

흘러가는 대로 산다는 말이 있다.
어떤 때는 나를 놔 버리고 싶다가도
흘러가는 순간들을 붙잡아 물고 늘어지고
싶을 때가 있다.

놓치고 싶지 않은 순간
순간의 영원을 느끼고 싶을 때

꿈

하루도 빠짐없이 꿈을 꾼다.

꿈을 많이 꾸면 깊은 수면을 취하지
못 한 거라던데
그럼 뭐 어때.

쉴 틈 없이 살아 있다는 걸 확인 하는 것 같아
항상 깨어 있음을 확인 하는 것 같아
기분이 좋다.

당신은 멋진 시계를 가졌군요

"당신은 멋진 시계를 가졌군요.
저는 시간을 가지고 살아갑니다."

중요한 것을 잊지 않기 위해
해야 할 일을 잊지 않기 위해
시간을 효율적으로 쓰기 위해
메모를 사용하고, 시계를 자주 확인하고,
알람을 맞추는 습관이 있었다.

어느 순간부터 시간에 쫓겨 살고 있는
나의 뒤통수를 때린 한 문장

시계보다는 순간에 몰입해서
시간을 살아가는 사람이 되고 싶다.

살아갈 이유

미래에 대한 더 이상의 기대가 없을 때
모든 것이 허무하다고 느껴질 때
종종 죽음에 대해 생각했다.

'재미없다.', '허무하다.', '죽을까.'

살아갈 이유가 필요했고
나를 살고 싶게 만드는 무언가를 하루 빨리
마주치고 싶었다.

갤럭시의 따뜻한 배려

출근은 위해 알람을 맞춘다.
눈을 뜨니 알람이 울리기 1분전
갤럭시는 눈에 가장 잘 띄는 화면 상단에
'약1분후 알람이 울립니다.'라는 멘트와 함께
내가 설정해둔 알람시간을 표기해준다.

그 버튼을 누르면
'지금해제'라는 멘트가 나타난다.

알람시간보다 일찍 눈을 떴는데 맞춰놓았던 알람소리를 듣게 되었을 때. 두 번 깨어난 기분에 괜 시리 기분이 나빠질지 모를 나를 배려 해 주는 것이다.

어떤 날은 알람이 울리는 순간 '5분 후 다시울림',
'10분 후 다시울림'을 선택할 수 있도록 배려해주는
갤럭시를 봤다.
계획 해둔 일을 끝마치지 못 한 나를
5분이고 10분이고 기다려주겠다는 의미 같았다.

이 뿐만 아니라
나는 갤럭시 노트의 '펜 메모기능'의 따뜻함을
좋아한다.

급하게 나와 메모장이 없을 때
통화중 메모를 적어 기억하고 싶을 때
좋은 생각이 떠오를 때

오른쪽 아래 귀퉁이에서 기다리는 동그란 버튼을 누

르기만 하면 기다렸다는 듯 터치펜이 '팅'하고 튕겨
나오며 동시에 메모장이 켜진다.

아날로그고 뭐고

연필로 종이에 쓰는 촉감이고 뭐고
일단은 갤럭시에게 고마운 순간이다.

이 밖에도 내가 아직 찾지 못한 갤럭시의 배려는
무수히 많을 것으로 짐작된다.

이 글은 그저
처음 만진 순간부터 갤럭시를 떠나지 못 하는,
정말 그 뿐인 유저의 글이다.

일기

오늘 하루 이대로 보내기가 아쉬워
일기를 쓴다.

좋았던 일. 나빴던 일.
좋았던 노래와 글

내가 이런 하루를 보냈다는 것을..
남겨놓고 싶은 마음에 일기를 쓴다.

나에게 말을 걸고, 내 이야기를 들어주는 시간
나를 안아주는 시간

달

빨려들어 갈 것만 같아

차가운 겨울공기가 한 순간에 멈추는 듯한 기분

맘 속 깊은 곳에서 나오는 떨림을 참느라

입술을 꼭 다물어

오늘은 오늘이 마지막인데

현재를 살아라.
지금 이 순간을 살아가세요.
오늘이 마지막인 것처럼 살아라.

잊고 있었다.
오늘은 오늘이 정말 마지막인데

지금 이 순간, 현재는 지나가고 있는데
그러니 오늘을 아낌없이
충실하게
춤추듯이

새로운 시작

무언가를 시작할 때, 그만두고 놓아줄 때
이게 맞나.. 잘 하고 있는 건가.. 불안해하는 나.

큰 소리든 작은 소리든 중요하지 않다.
스스로에게 소리치자
"잘 하고 있는 거다."
"잘 할 거고 잘 될 거다."
"잘 될 수밖에 없다."

마음을 조금 내려놓고 심호흡을 해보자.

새로운 것을 한다는 것과
익숙한 것을 놓아주는 것 모두

대단한 용기가 있어야만 할 수 있는 일이다.

나만큼은 나를 응원해주자.

소중한 그리움

 나는 지금, 이 순간 너와 함께 쫓기는 마음 없이 어릴 적에 살던 동네에서 산책을 하고, 편안한 마음으로 좋아하는 음료수를 마시다 함께 집으로 들어왔던 순간이 제일 그립고 소중해. 사실 그때도 내 마음은 그리 편치 않았을 텐데. 다시 돌아갈 수 없는 순간이라서 이만큼이나 그리운 걸까. **그리운 순간은 야속하지만 가끔은 지금의 나를 따뜻하게 보듬어 주고, 앞으로 다가올 시간마저 소중하게 만들어 주는 것 같아. 소중한 그리움이야.**

 지금 이 순간도 언젠가 그리워질 순간이겠지.

자기 전 인사

'사람들은 같이 사는 가족에게 잠을 자기 직전에 어떤 인사를 할까?'

잠을 자려 누웠는데 머릿속에서 꼬물꼬물 질문 하나가 떠올랐다. '매일 비슷한 인사가 조금 지루했었나.. 별생각이 다 드네.' 양쪽 눈을 동시에 한번 깜. 빡. 이고는 별생각이 아니라는 걸 증명하려는 듯이 나는 나의 머릿속에서 질문에 대한 답변을 우수수 털어냈다.

나는 보통 자기 전 "잘 자." "잘 자요." "잘게요." "얼른 자요." "왜 안자!" "얼른 자아~" "어이구 나 먼저 잘게요." 와 같은 인사를 하는데.. 흠..내일은 좀 다르게

해볼까.(쿨 쿨)

 드디어 다음날 밤. 잠을 자러 가기 직전의 순간이 왔다. 자기 전 인사를 할 순간. '새로운 인사' '새로운 인사를..' "자 볼까나?" "어디 한 번 자봅시다?" 좀 구린데..

 "나 먼저 잘게요! 내일 만나." 인사를 한 뒤 방문을 열며 양쪽 입꼬리를 올려 미소를 담뿍 머금었다. 인사가 마음에 들었다. 엄마와 내일 만날 수 있다는 사실이 즐겁고 내일을 또 살 수 있음에 감사한다.

 출근은 딱히 하고 싶지 않지만..^^
 내일 만나기로 했으니 살아봐야겠다.

글을 쓰는 이유 - 순간의 영원 반복

'의식의 흐름대로 산다.' 혹은
'흘러가는 대로 산다.'는 말이 있다.

어떨 때는 흘러가는 대로.
그렇게 나를 놔 버리고 함께
떠내려가고 싶다가도

흘러가는 찰나의 순간을 붙잡아
물고 늘어지고 싶을 때가 있다.
놓치고 싶지 않은 순간.
순간의 영원을 느끼고 싶을 때.

그럴 때 나는 숨을 멈춘다.

눈을 감는다.

그래도 야속한 시간은 멈추지 않고..
속절없이 흘러가는 시간이 아까워
이 순간 이 감정, 이 생각들을
묶어 놓고 싶어

메모장을 펼친다.
글을 쓴다.

이. 나는 어차피 나

나의 가치

내 가치는 타인의 평가로 결정되지 않는다.

나는 나를 알고 나는 나의 가치를 알고 있으니까.
나의 부족한 모습과 보석 같은 모습을
찾아가고 있으니까.

그걸로 충분하다.

알아주기를 바라는 것보다
그런 사람이 되는 것이 낫다.

아름답다. 나답다.

아름답다는 말에 '아름'은 '나'를 의미 한다고 했다.

나다운 것이 아름다운 것이다.
그러니 다른 사람 눈에 들기 위해 나다운 모습을
포기하지 말자.

나다운 것이 가장 아름다운 것.

나는

이렇게 살아간다. 나는
바빠도 하고 싶은 것들을 잔뜩 하면서
견디기 어려운 일이 있어도
견딜 수 있는 힘을 기르면서
살아가게 하는 것들을 찾으면서
행복을 놓치지 않고 물고 늘어지면서

나는2

나는 어디서든 자주 행복할 거다.
당연히 행복할 수 있다.

그렇게 되게 되어있다.
나만 그렇게 생각한다면.

행복은 내 마음에 달렸으니까.

일단은 출근

또 다른 정체성을 가진 나를 숨긴 채

일단 오늘도 부캐*로 출근한다.

* 본캐/부캐: 주로 양육하는 본체 캐릭터/

본체 외에 키우는 캐릭터를 말한다.

출태기

출근하기 싫은 마음을 꾹꾹 눌러 담고
오늘도 출근.

출근과 권태기가 온지 얼마나 되었을까
기억나지 않을 정도로 오래된 것 같은데
이제 그만 해도 될 것 같은데

유일무이한 나

나는 어떻게 해도 나
왠지 나 자신을 한계 짓는 듯한 말 같지만
사실은 아니야

그 누가 어떤 노력을 해도 내가 될 수 없고.
나는 무수한 내가 될 수 있다.

다른 사람이 되고 싶어 하는 건 바보야
나는 유일하잖아 나만이 진정한 내가 될 수 있어.

나는 유일무이하다!

얼마나 다행인지

이제야 내가 좋아하는 걸 알았다.
이제야 내가 하고 싶은 일을 찾았다.

'늦었나..'
늦었다고 생각할 때가 늦은 거라는 말도 있던데
게다가 난 아직 준비가 안 됐는데.. '어쩌지..'

아니야!
지금, 이 순간에라도 내가 원하는 걸
알았으니 얼마나 다행이야!

일단은 시작해보자
시작한 뒤 준비해도 된다.

해 본 뒤에 후회해도 되고.

모든 건 경험이 될 테니

나의 속도

주위를 둘러보면 이미 내 앞을 한참
앞서간 듯한 사람들이 참 많다.
그래도 괜찮아.

급한 마음에, 진정으로 내가 원하는 것들을
알아갈 기회를 놓치지 말자

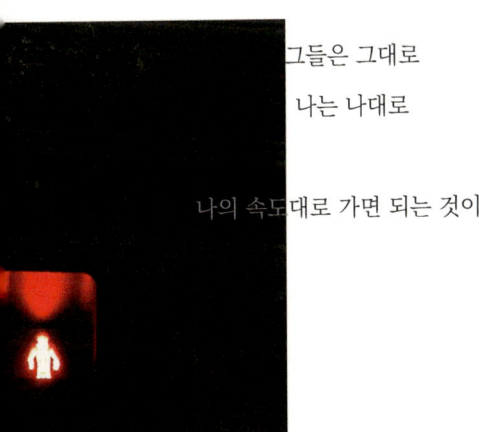

그들은 그대로

나는 나대로

나의 속도대로 가면 되는 것이다.

흔들리는 별

'나의 별, 나의 꿈'

다른 사람과는 다른 나만의 것이기 때문에 나는 그저 '나만의 것'을 따르면 된다고. 나는 우주에서 먼지 같은 존재니까 이깟 걱정 큰일 아니라고. 언제 사라질 존재인지 알 길이 없으니 하고 싶은 것들은 다 해보자고. 괜찮다고.

그래도 괜찮다고, 죽기 직전 후회하지 않도록 뭐든 해보자고. 흔들리는 별이 가장 아름답다고.

흔들리는 별

꿈을 꿨다. 삶의 목적을 잃는 꿈

 실패에 대한 불안감으로 인해 내가 그토록 바라왔던 일들에 도전하지 못해, 제대로 해 보지도 못 한 채 목적에 다다른 내 모습은 아득해지고 커다란 좌절감으로 모든 의욕을 잃는 그런 꿈. 내가 평소 그렇게나 무서워하던 귀신이 나오는 꿈, 어두운 밤 골목길에서 누군가 쫓아오는 꿈. 차라리 그런 꿈을 꾸는 게 나았을 것이다.

 소망해왔던 삶의 목적은 이제 이룰 수 없다고 내 소망은 없는 것과 다름없다고 생각하니 절망과 두려움이 한꺼번에 몰려와 나를 덮쳤다.

'난 그럼 어떻게 살아야 하지.'

지금까지 바라왔던 일들을, 내가 하고 싶어 했던 일들, 그토록 따르고 싶었던 것들을 따라도 되는 걸까.

'만약 따르지 않는다면?' 나는 이대로 지금 하는 일에, 지금 나의 모습에 만족하며 살아갈 수 있을까..
 분명 아니다. 하고 싶었던 것들은 다 해보겠다고 안식년을 가지고, 지금까지 문드러진 내 육체적 정신적 건강을 지켜보겠다고 이를 위해 번듯한 직장이지만 나를 번듯하게 서지 못 하게 하는 그 일을 내려놓아야 한다고. 내려놓을 수 있다고. 그렇게나 다짐하고 또 다짐했는데.. 직장 없는 삶, 남들과 다르다고 느껴지는 삶, 내 기분은 안중에도 없이 시간에 붙잡혀 사는 삶이지만 그것을 놓았을 때 나의 불안과 우울이 깊어질까 두려웠다.

'주말' 나만의 쉼이 긴 시간 동안 허락되는 날. 공허함이 싫어서, 혼자 남겨진 시간이 불안해서 어떻게든 채우고 싶어 했던 내가 맘 편히 쉴 수 있을까. '망가지면 어떡하지.' '더 더 깊은 나락으로 떨어지면 어떡하지?' 이제야 나를 조금이나마 돌볼 수 있게 됐는데 이제야 내 선택을 믿고 따라갈 수 있다고, 그렇게 단단해졌다고 믿었는데 나의 불안함과 우울함이 깊어지면..

 두려웠다. 모든 게 두려워졌다. 모든 게 허무해졌다. 창 밖에는 가을비가 내린다. 지금 나는 평소 그토록 반겼던 빗소리조차 두렵다. 낭떠러지에 몰린 기분. 이대로 사라질 것만 같았다. 이대로 사라졌으면 했다. 비 오는 날 길 잃은 길 고양이처럼 뺨 위로 눈물만 흐른다.

역사적으로 길이 남을 만한 인물이 되고 싶은 게 아니다. 그저 내가 여기 있다고 나는 여기에 있었다고 날 좀 봐달라고 나를 알아봐 달라고 세상에 소리치고 알리고 싶었다.

창밖엔 비가 그치고 구름이 걷혀 반짝이는 보름달과 수많은 별이 보인다. 보름달.. 별... 꿈.. 오늘따라 유난히 반짝 선명한 보름달에게 두 손 모아 진심을 가득 담아서 소원을 빌어본다. '나의 꿈, 나 자신을 놓지 않게 해 주세요.' '나와 평생토록 함께해 주세요.'

두려움, 불안함, 우울함 그런 것들이 찾아올 때 나의 쉼, 나의 소망, 나의 꿈에 자신이 없어질 때마다 나는 나 자신을 응원을 해 주기로 한다.

'나의 별, 나의 꿈'은 다른 사람과는 다른 나만의 것이기 때문에 나는 그저 '나만의 것'을 따르면 된다고 나는 우주에서 먼지 같은 존재니까 이깟 걱정 큰일 아니라고 언제 사라질 존재인지 알 길이 없으니 하고 싶은 것들은 다 해보자고 괜찮다고, 그래도 괜찮다고 . 죽기 직전 후회하지 않도록 뭐든 해보자고.

흔들리는 별이 가장 아름답다고

63

나의 길

지금 가고 있는 길이 맞을까
불안함에 크게 동요해 정신을 놓아버리고만 싶다.

'내가 진심으로 바라는 건 무엇일까.'

두렵지만 잘 해보고 싶은 마음이다.

가보지 않던 길이라도 괜찮다.
선택의 과정과 우리가 걸어갈 길은 무한하므로

나의 길을 내가 개척해나가면 된다.

나 어떡해

요즘 들어 마음이 답답하고 불안하다.

답답한 마음에

여느 때와 같이 이어폰을 귀에 꽂고 산책을 나갔다.

이 답답함을

어떻게 해야 할까,

내가 어떻게 되어야 할까 고민하다.

반드시 '어떻게 돼야하나.' 라는 생각이 들었다.

뭐든 체력이 중요해

출근이든 뭐든
내가 좋아하지 않는 일,
좋아하는 일을 하기 위해서는
체력이 필요하다.

책을 읽고 쓰고, 게임을 하고, 맛있는 것을 먹고,
체력이 바닥나고 병이 난다면
할 수 없는 일들.

피곤하면 모든 게 귀찮고 짜증이 나듯이
체력을 기르지 않으면
참고 할 수 있는 일도,
소중한 것들도

어렵게만 느껴진다.

할까 말까

무언가 결정하기 힘들 때.
걱정이 될 때.
이 일을 계속해야 할까.
새로운 일을 해도 될까.

이럴 땐

나의 소중한 친구를 보듯 자신을 바라보자
분명 "넌 할 수 있어. 도전해봐!"
"우린 젊어, 하고 싶은 대로 해봐!"
라고 이야기 하지 않을까.

친구가 없다? 그럼 또 다른 방법이 있다.

다섯 살 많은 내가 되어 나를 바라보자
"너 아직 젊다. 지금, 해보자."라고
이야기 하지 않을까.

뭐가 됐든
미래는 워낙 변수가 많아
생각한 대로 되지 않고
걱정한 대로 된다는 보장도 없다.

후회는 언제든 따라온다.
결정하고 그 길이 맞게끔
살아가면 된다.

그러니 내가 가는 길이 자꾸만
'아닌 것' 같으면 그만 둘 것.

무언가를 계속 하고 싶다면

미루지 말고. 지금 할 것.

지진이 날 땐 흔들리기

'이제 다 잘 풀린 건가?' 라는 말에 나는 말한다.

내가 어떻게 하냐에 달린 거 같아서..
젊잖아 우리가, 하루하루가 처음이라서 좋은데
좀 혼란스럽기도 하고?

무언가 혼란스럽고 불안정할 때,
흔들리기 때문에 더욱 빛나는 나이.

나의 속도에 맞춰서 걸어 가다보면
이 또한 지나가
한 층 더 단단해진 내가 기다리고 있을 거다.

지진 날 땐 흔들려도 된다.

너무 억척같이 버티고 곧게 서 있으려하면 다쳐

외로움을 채우는 방법

누굴 만나도 모든 외로움이 채워질 수는 없다.
만남의 순간만큼은 가능할지 몰라도
타인이 혼자 있는 시간까지 채워줄 수는 없다.

그럼 어떻게 해야 하지
'힘들 때. 외로울 때. 나는 어떻게 해야 하나.'

내가 나를 알아주자. 내가 나를 돌봐주자.
나는 항상 내 곁에 있으니
스스로의 안부를 묻고
내가 좋아하는 것을 찾고, 그것을 하게 해주자.

나를 위해

조금만

자신을 너그러운 마음으로 바라봐주자.

나를 따뜻한 시선으로 바라보며

따뜻한 말을 해 주자.

따뜻하게 안아주자.

그리고.. 외로워도 괜찮아요.

모두가 외로워요.

잔잔한 물결 같은 사람이 되고 싶다

처음 본 사람의 '어떤 사람이 되고 싶냐?'는 질문에
'잔잔한 사람'이 되고 싶다고 말했어.

하늘을 나는 듯 미치게 좋은 기분과 깊은 늪에 빠져
허우적거리는 그 기분을 하루에도 몇 번씩이나
옮겨 다니는 건 감정 소모가 너무 크거든.

매일 매 순간에 감정의 롤러코스터를 타는 내가
잔잔한 마음이라니

욕심이라 해도
나는 잔잔한 물결 같은 사람이 되고 싶어.

잘 되었어도 걱정이었으니 잘한 거야

누구나 한 번쯤
결정을 내려야 할 순간에
망설여본 적이 있을 것이다.

나도 그때는 갈팡질팡하다
결정을 내려놓고도 '잘 한 선택인지'
확신이 서지 않았다.
불안했던 거다.

이때 평소 믿음이 깊은 인연에게 답을 구했다.
"잘 한 선택일까요?"

되돌아온 대답은

"잘 되었어도 걱정이었으니 잘한 거야"

무슨 말일까 곱씹어 보았다.
잠시 산을 넘었다고 느끼더라도
결국 편치 않았을 테니
잘한 거라는 말인가

너의 선택이 무조건 맞아.
라는 의미였을까

지금 생각해보니
일이 잘 풀렸어도 계속 걱정 했을 테니
'용기 내어 그만둔 것'이 잘한 거라는
의미인 것 같다.

어떤 선택을 하든지 후회는 따를 테니까

마음 가는 대로 선택하라는 의미였을지도

사실 무엇을 선택하든

뭐든 상관없었다.

이름 직업 말고 자기소개

이름과 직업은 밝히지 말고
자신을 소개해보자

나는 어떤 사람인지
어떤 사람이 되고 싶은지
무얼 좋아하는지
가장 좋아하는 문장은 무엇인지

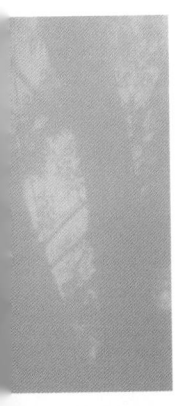

85

괜찮지 않아도 괜찮아

모든 사람이 날 이해해 주지 않아도 괜찮다.
내 가치는 내가 정할 수 있으니까.
좋은 것을 보고, 나에게 좋은 것을 해주자,
그렇게 해 줘도 괜찮다.

'괜찮아도 괜찮다.'라는
유명한 문장이 떠오르는 순간이다.

그런데 난
괜찮지 않아도 괜찮다.

최고의 찬사

내가 들은 이야기 중 최고의 찬사는
"마음 밭이 참 잘 가꾸어진 사람인 것 같아요."이다.
이 말에 부끄럽지 않게
내 마음에 꽃을 피워 봐야겠다.

나만의 색깔

하루하루가 스스로에게
유익한 시간이 되길 기원한다.
조급해 하지 않아도 된다.
그저 주어진 시간을 묵묵히, 나의 선택으로 채워
나만의 색깔로 칠해나가면 된다.

가장 친한 나

내가 싫은 건 아니야.
이젠 싫지 않아.
더 나은 내가 되고 싶을 뿐이야.
다른 사람이 되고 싶지 않아.

나와 평생 함께 할 사람은 나니까
나에게 가장 친절하게,
가까운 친구가 되어 줄 거야.

좋은 친구의 시선으로

'지금 잘 살고 있는 걸까.'
'잘 하고 있는 건가.'

오랜만에 오랜 친구를 만나고 집에 돌아가는 길
친구에게 장문의 문자가 왔다.

예전에도 멋지고 성숙한 친구였지만
중심이 꽉 잡혀 뚝심 있는
정말 멋진 친구라는 걸 다시 한 번 느꼈어.
너한테 정말 많이 배워.
항상 고마워.
정말 대단하고 한편으론 부럽기도 해.
너대로 걸어 나가고 도전하는 모습을 보면

나도 그렇게 하고 싶어져.
곧 다시 만나자.
마지막은 내가 친구에게 자주 쓰는 문장이다.

우리 모두 처음 겪는 세상에서
잘 해내고 있잖아.
각자의 자리에서 주어진 하루하루에
충실하게 살아가보자! 춤추듯이.

내년에는 어떤 일을 해야 할까
걱정 되고, 불안한 마음도 있지만
지금은 이렇게 흔들릴 시기이니까.

흔들리다 나만의 별을 찾을 게
분명하니까.

조금 두려워하고 조금은 흔들리면서

지금 할 수 있는 것,
주어진 기회에는 최선을 다하기

뚜벅뚜벅 걸어 나가기만 하면 된다.

주인공

우리는 모두 자기 세계의 주인공이다.
내가 눈을 감으면 세상은 사라진다.
눈을 뜨면 세상이 다시 되돌아온다.

결혼은 이렇게

혼자서도 잘 살아가는
독립적인 사람
자신이 하고자하는 일에 집중하는.

함께하면 편안하고 즐거운 사람

자신의 시간이 중요하기에
상대방의 시간도 존중해주는

갈등을 해결하는 방식.
이해해보려고 노력하고
받아들이려 노력하는

산책 같은 사람
당신은 어떤 사람이 되고 싶나요?

 나는 산책을 좋아한다. 후끈하니 조금 더운 날도, 시원한 바람이 머리카락 사이로 스쳐가는 날도, 손끝과 발끝이 꽁꽁 얼어 저려오는 날도 비가 오나 눈이 오나 아침이나 낮이나 저녁이나 밤이나 기쁠 때도, 우울하고 슬플 때도 나는 산책이 참 좋다.
 나에 최애 코스는 우리 집에서 서울 가는 방향의 지하철로 1개 역 거리. 부지런한 걸음으로 편도 30,40분이 걸린다. 걷는 길에는 4차선 8차선이 골고루 뒤섞여 나오고 높은 건물도 많고 다리와 나무, 물도 교회도 많다. 평일과 주말, 큰일이 나지 않는 이상 매일 걷는 길인데 나는 거의 매일, 처음 걷는 길인 마냥 풍경을 한가득 눈에 담으려 애쓰고 감탄하고, 사진을 찍는다.

 실제로 비가 주룩주룩 오는 날 아파트에서 새어 나오는 빛과 가로등으로부터 흐르는 빛, 자동차와 신호등에서 뿜어져 나오는 빛이 다 함께 비 내린 도로 바닥에서 춤추는 걸 보면 매번 꼭 이렇게 말한다. "아.... 진짜 좋다. "아... 미쳤다." "아...이거지."

 컨디션이 좋거나 유독 힘든 날에는 평소보다 조금 더 걸어 '최고의 명당'자리까지 걷는다.

 '최고의 명당' 다리 위에서 강물에 비치는 빛을 보면 차마 입을 다물 수 없으며 풍경을 눈에 한가득 담고서 어느새 카메라 셔터를 누르는 나를 발견하곤 한다.

 나에게 산책을 한다는 건 하루를 마무리하고 고민을 매듭짓고 훌훌 털기 위한 것 이상으로 분명히 하지 않으면, 없으면 안 될 행위이다. 여느 때와 다름없이 바쁜 하루를 보내고 피곤한 정신과 배부른 배를 이끌고선 산책을 하는데 피곤하다는 생각은 어디로 갔는지 '최고의 명당'에서 읊조리듯 감탄을 하고 풍경을 눈에 담고 카메라 셔터를 누르고 있는 나만, 그 자리에 남아있었다. 최애코스를 계속해서 걸으며 끝없이 생각했다. '산책은 정말 좋다. 질리지가 않고, 지금 이 순간, 어쩌면 매일 내가 볼 풍경을 잊지 않도록 어디든 계속해서 담아두고 싶다.'라고. 그렇게 산책에 대해 끊임없이 생각하다 갑작스럽고 급하게 다른 생각의 길로 방향을 틀어 자문했다.

'나도 누군가에게 산책 같은 사람이 될 수 있을까.'

지금의 나는 혼자가 좋고 행복하고 적절하게 충만하며, 하고 싶은 것도 많고, 내 시간을 많이 갖고 싶은데.. 연애라는 건 분명 많은 시간이 낭비되며 이 밖에 리스크가 크다고, 그래서 결혼은 더 더욱이 하고 싶지 않다고, 이런 생각을 가지고 있는 나인데 산책 같은 사람이라면. 나에게 산책 같은 사람이라면.. 사람들은 각자의 '산책과 같은 사람'을 만나면 결혼을 하는 걸까. 결혼의 이유야 수천 수만 가지로 다양하겠지만 내가 결혼을 하게 된다면 아마 그 사람이 나에게 산책과 같은 사람이기 때문이 아닐까.

그런데 말이야 이건 욕심이 아닐까. 그런 사람이 있을 리가 없잖아. 그리고 그런 사람이 날 좋아할 확률은? 그래서 사람들은 내가 좋아하는 사람이 나를 좋아할 확률이 기적이라고 하는 건가....

만약 좋아하는 사람이 생긴다면 내가 그에게 산책 같은 사람이기를 바라본다. 그가 나에게 산책 같은 사람이기를 바라본다.

좋아하는 걸 꾸준히 하는 나에게 "효경아 꾸준함이란 거 진짜 대단한 거야.", "넌 좋은 사람인 게 분명해", "난 항상 너를 믿어, 너의 편이야."라고 말하는 그는 나에게 산책 같은 사람인 게 분명하다.

 내가 좋아하는 걸 꾸준히 내게 해주는 '나' 그런 나를 항상 응원해 주는 '그'가 매일 영원토록 서로에게 산책 같은 존재이길 바란다.

최고의 명당

삼. 사랑 그 애틋한

뭔가 잘못 됐어

분명히 혼자가 좋다고 생각했는데

누군가 내 우주 속으로 들어와
나를 뒤 흔드는 걸 바라지 않았는데
이젠 '어찌되든 좋다.' 라는 생각이 들어

사람을 알고 나면 도통 미워할 수가 없다는데..
당신을 알게 될수록.
알면 알수록 당신을 사랑하게 돼요.

평범한 마음

평범한 만남, 평범한 설렘. 평범한 사랑

그런 건 없어.

모든 게 특별해.

흔치 않은 마음을 나에게 주어서 고마워요.

어질어질해

그대는 어질어질하게 예뻐요.
그대를 보는 순간 아찔하고
흔들리는 내 마음 당신은 알까요.

영원의 순간

좋아요. 다시는 돌아오지 않을 지금 이 순간.
당신과 함께 하는 지금 이순간이 영원했으면 해요.

'좋아해줘요.'

이런 나라도 좋아해 줄 수 있는지
내가 이런 말을 하게 될 줄이야

"다시 한 번 좋아해줘요."

기다림, 설레는 마음

오랜만에 너를 만나는 날

너를 기다리는 시간

설레는 이 순간

지금 이 순간을 sns 서핑 하는 시간으로

쓰고 싶지 않아

핸드폰을 책상에 내려놓았다.

책을 읽었다.

집중이 되지 않아 책도 내려놓았다.

눈앞에 보이는 결제 영수증

하트를 접었다.

네가 앉을 자리 앞 책상 위에 하트를 놓고

배시시 웃으며 사진을 찍었다.
기다림만으로도 나를 설레게 하는
너는 나에게 이런 존재야

얼른 보고 싶어

로맨틱한 말

"너와 함께 하는 지금 이 순간이 영원했으면 해."
이보다 더 로맨틱한 말이 있을까

사랑이 전부라고

더 많은 것을 알고 이해하기 위해 '사랑'하고 싶다.
사랑이 전부라고, 사랑이 전부일 수 있다고
진심을 담아 이야기 할 수 있도록

너가 날

난 말야

누군가를 좋아하는 마음이 커질수록

나는 걷잡을 수 없이 작아져만 갔는데 말야

내 안에 작은 곰팡이들에게

잡아먹히는 것만 같았는데

너를 좋아하는 마음이 걷잡을 수 없이 커질수록

나는 더 좋은 사람이 되고 싶어져

그렇게 만들어 너가 날

내 하루를 온통 흔드는 그대

아직도 내 꿈에는 네가 나와
잠에 들어도 잠에서 깨어나서도
내 하루는 온통 너 뿐이라서
아직도 네가 내 옆에 있는 것만 같아서
혼자 흔들리는 나라서

내 하루를 온통 다 흔드는 그대

나는 나를 사랑하고

나는 내가 소중하고

내가 참 좋은데..

나를 버리고 당신이 되고 싶은 지경이에요..

그 애는 아카시아를 꺾는
내 모습에 반했다고 했다.

이 말을 들은 찰나, 그 순간 설레었는데
바로 뒤따라 온 감정은 두려움이었다.

'이제 나는 계속 생명을 죽여야 하나..'

그 뒤로도 생명의 목숨을 빼앗아 가는
내 모습에
그는 자꾸 자꾸 반했다.

꽃, 물고기, 강아지, 돼지, 소 그것이 무엇이든
그래서 그런 그가 사람을 죽였는지 모른다.

꿈 속에 너

분명 '너'가 아니라
그때에 널 좋아하는 순수한 '내 모습'이
그리운 거라고
그렇게 결론지었는데

왜 또 꿈에 나와
나를 헷갈리게 만드는지

안부

가끔씩 너의 안부를 묻고 싶을 때가 있어
잘 지내는지
아픈 곳은 없는지
힘든 일은 없는지

너도 내 안부를 물어 줄 수 있어?

말도 안 되는 일이지
나 혼자 너의 안부를 묻고 나의 안부를 물어

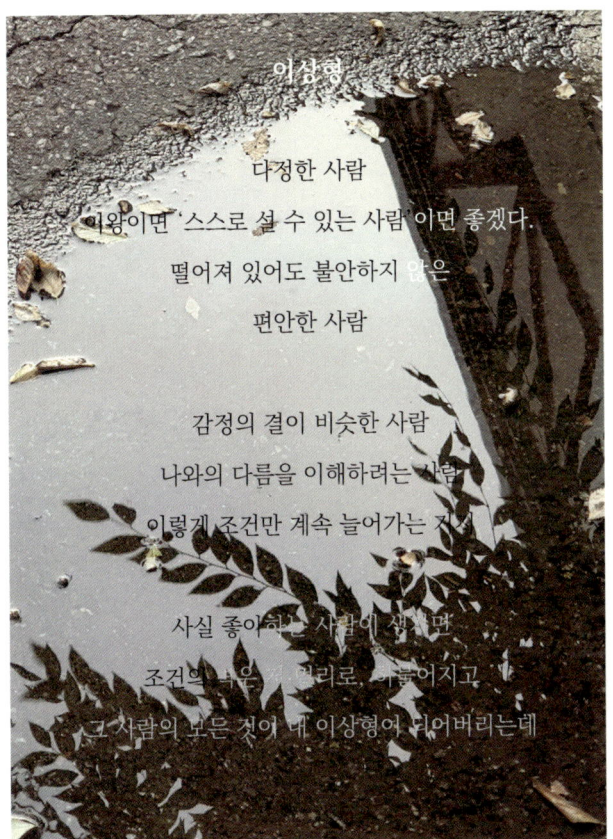

이상형

다정한 사람

이왕이면 '스스로 설 수 있는 사람'이면 좋겠다.

떨어져 있어도 불안하지 않은

편안한 사람

감정의 결이 비슷한 사람

나와의 다름을 이해하려는 사람

이렇게 조건만 계속 늘어가는 건지

사실 좋아하는 사람이 생기면

조건들 따윈 저 멀리로 흩어지고

그 사람의 모든 것이 내 이상형이 되어버리는데

선물의 이유

내가 너한테 선물을 주는 이유

내가 좋아하는 네가 내 선물을 받고
좋아하는 모습을 보면
내가 행복해지기 때문이야

내가 좋아하는 네가
내가 좋아 하는 향수를 뿌리년
내가 행복해지기 때문이야

산책 같은 사람

'산책 같은 사람이 되고 싶다.'

나는 산책을 좋아한다.
하루를 마무리하고
고민을 매듭짓고 훌훌 털기 위한 것 이상으로
분명히 하지 않으면, 없으면 안 될 행위.

'나도 누군가에게
산책 같은 사람이 될 수 있을까.'

연애의 갈등

너와 나는 평생 다른 환경 속에서
다른 생각을 하며 살아왔으니까
모든 면에서 나와 같을 수는 없는 거지

다른 게 있다면
이해 해보자
그래도 안 되면
그럼에도 불구하고

만나보자

우리가 헤어진 이유

우리가 헤어지게 된 이유에

대해 생각 했다.

나로서는 도저히 이해 할 수가 없어

어느 이야기처럼

'내가 나였다가, 너였다가, 나와 네가 되었다가.'

그냥 우리는 '아닌 사이'였던 거다.

그래도 다시.

어떻게 하면

다시 만날 수 있을까

매일 밤 상상의 이야기를 써 봐도

결말은 헤어짐이다.

정말, 우린 그냥 아닌 사이었던 거지

너도 내 생각을 할까

문득 내 생각이 날 때가 있을까.
제발, 단 한 번 단 한 순간만이라도
나를 떠올려 줬으면

그래야만 내가 덜 억울할 것 같으니까
네가 나를 생각 하지 않아도
난 네가 보고 싶고
너와의 추억이 속절없이 떠오르니까

빨려 들어갈 것만 같아

빨려 들어갈 것만 같아
차가운 겨울공기가 한 순간에 멈추는 듯한 기분
맘 속 깊은 곳에서 나오는 떨림을 참느라
입술을 꼭 다물어

예전에는

예전에는
신문에 누가 나오든 뉴스에 어떤 소식이 떠돌든
관심이 없던 나는

도대체 저런 소식이 왜 신문에 나오나싶었어
그러다가 나올만하니까 정말 대단한 사람이니까
큰일이니까 나오나 싶었고

이렇게 구구절절 네 앞에서 말을 끄는 이유는
내 머릿속 지면 첫 번째 장에 너가 가득하다는 걸
말하고 싶어서야
내 마음속에 뉴스속보처럼 하루 종일 떠다닌다는 걸
이야기하고 싶어서야

도와줘도 될까요?

예전에는 말없이 돕는 것이 좋은 것이라고 생각했다.

하지만 이젠 상대한테
도움이 필요한지 먼저 물어보기.
상대가 필요하다고 했을 때
돕는 것이 배려인 것이다.

'도와줘도 될까요?'

돌고 돌아 다시

 동료 선생님과의 퇴근길 "저는 오늘 두 정거장 더 가서 내려요." 그 한 문장으로 짧은 여정이 시작되었다.
 동료 선생님이 그 말을 하기 약 3초 전 나는 한 손에는 노트북과 발표 참교 자료 파일 다른 한 손에는 핸드폰을 들고 세상 시무룩한 어투로 "저는 오늘 카페 가서 발표 준비해야 돼요."라고 말했었다. 그리고 선생님의 한 문장에 대한 나의 대답은 번뜩이는 눈빛과 함께 "혹시 저도 가도 돼요?"였다. 선생님은 눈썹을 한껏 치켜 올리고 날 향해 눈을 번뜩이며 "정말요?!?" 한 뒤 목을 "큼큼"다듬고 양손 바닥을 내게 보인 채 좌우로 번갈아 흔들며 "오늘 발표 준비도 하셔야 되고 짐도 많은데……"라고 말했고 나는 그 즉시 노트북 케이스에 담긴 노트북을 꺼내 보이며 잔뜩 들떠 상기

된 목소리로 "이거 엄청 가벼워요 600g 인가? 이거 진짜 안 무거워요."라고 말했다. 지금 와 생각해 보니 나는 그때 일하기가 매우 싫었나 보다, 기분전환이 필요할 때였나 보다. 어찌 됐든 그렇게 불타는 목요일 퇴근길의 짧은 여정이 시작됐다..

 도착지로 가는 길 15분도 채 안 되는 시간 우리는 서로에게 공감했고 위로했고 한숨을 쉬고는 밝고 크게 웃어 보였다. 나는 자연스럽게 이전부터 좋아했지만 최근 더 좋아하게 된, 그러니까 너무 좋지만 나만 알고 싶은 가수의 신곡까지 소개할 만큼 마음이 활짝 열린 상태였다. 가장 솔직한 속마음이 다 내 비치는 순간이었다는 말이다. 버스 안이라는 것도 잊은 채 "우와, 대박"이라고 외치며 웃었다. 서로가 좋아하는 가수를 끝없이 이야기하는 순간에는 마치 고백을 하는 것만 같은 설렘에 마음이 벅차올랐다. 그리고 이토록 좋은 선생님에게 '좋은 사람'을 소개해 주고 싶었다.
 좋은 사람.. 좋은 사람을 떠 올리는 순간 몇 번이나 나에게 고백했던 그 애가 떠올랐다. 아니 그건 됐고, 그냥 그 애가 또 생각났다. 퇴근길 뜻밖의 여정 이야기는 여기서 끝이 난다.
 그 애에게 연락을 하기로 한다. "그 애가 자주 생각나고, 그래서 그 애에게 연락하고 싶다."라는 한 마디면 끝날 이야기를 이렇게나 길게 돌아왔다.

사. 기분전환

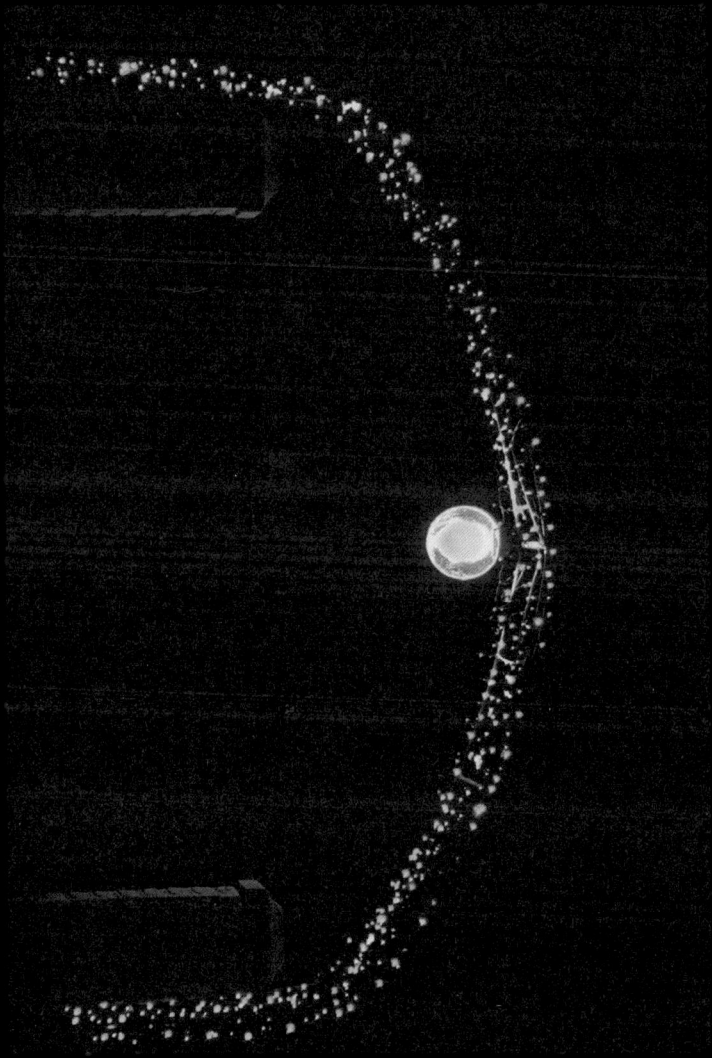

행복

이렇게 작은 것으로도 큰 행복을 느끼는데

이렇게 아무 것도 아닌 것에 미친 듯이 행복한데
아 그럼 이건 아무 것이 아닌가..?

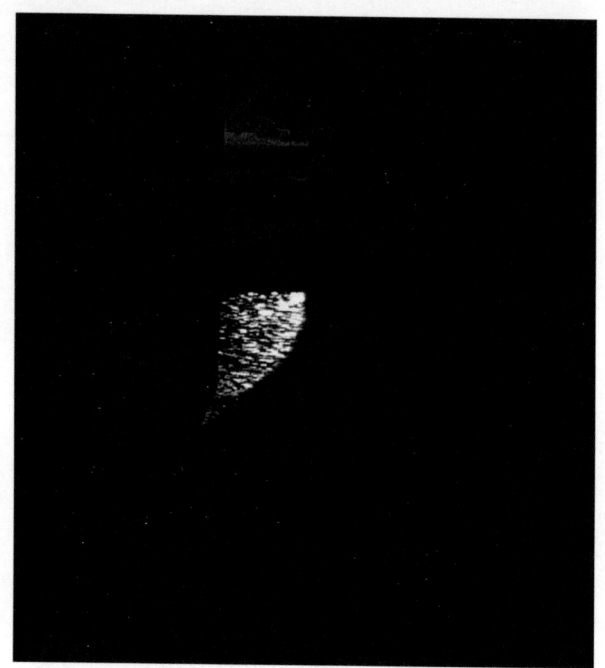

감정의 롤러코스터

지독히 절망스럽다가도
이렇게 행복해도 되나 싶은
그런 순간들.
감정에 롤러코스터
단순하고 복잡한

허무

모든 게 허무하다고 느껴질 때
더 이상 앞날이 기대되지 않을 때
내 인생이 소중하다 느껴지지 않고
차라리 죽고 싶다는 생각이 들 때

문득 이렇게는, 더는
안 되겠다는 생각이 들었다.

미련 없는 삶이라고 생각했는데
왠지 모르게 아깝다는 생각.
나만 바뀌면
세상이 달라질 수 있을 것 같다는
그런 생각

죽는 건 무서우니

한 번 해볼까

좋아서 죽을 것 같아

내 마음에 딱 맞는 글을 읽었을 때
정신없이 좋은 음악을 들었을 때
기분 좋은 간지러움에 눈을
찡긋이게 해주는

'좋아서 죽을 것 같은' 그런 순간

우울한 날

우울의 늪에 빠져 허우적거리던 날.

좋아하는 노래를 듣자.
좋아하는 책을 읽자.
좋아하는 향수를 뿌리자.
그래도 안 되면..

그냥 우울하자.

괜찮아. 괜찮아.

산책

고단했던 하루 끝에 짧은 산책

멍하니 걷다가 하루가 다르게 자라나는

들 꽃, 나무를 보고,

이어폰에서는 내가 좋아하는 노래가 나오고,

시원한 바람

거기에 은은한 달빛과

잔잔한 가로등 불빛까지

오늘에 나에게 수고했음을 이야기하고

내일에 나를 진심으로 응원해주는 시간

황홀경1

*한 가지 사물에 마음이나 시선이 혹하여 달뜬 경지나 지경.

밤에 산책하는 것을 좋아한다.
시원한 바람,
이어폰에서 흘러나오는 즐겨듣는 노랫소리
정처 없이 걷다 만나는 가로등 불빛,
자동차, 신호등, 아파트에서 새어나와
어두운 풍경을 밝게 비춰주는 불빛들...

문득 멍하니 보고 있으면
빨려드는 묘한 황홀감

황홀경2

마음이 어두운 날
마음이 시끄럽고 어지러운 날
홀로 산책을 나간다.

고요하고 잔잔한 시간
찬란하게 부서지는 빛
황홀한 마음

체력

'체력이 좋은 사람이 되고 싶다.'

체력이 남아야 여유가 생기고,
무언가 해 보려는 의지도 생기는 법

지금까지 이렇게 무기력했던 것은
너무 지쳐서
체력이 부족해서 그런 건지 몰라.

그러니 체력을 길러보자
육체적 체력이든 정신적 체력이든

약은 아니지만 항우울제

갑갑한 현실 속에서 벗어나고 싶을 때
나를 구원해 주는
몇 가지가 있다.

가령, 음악, 책, 글쓰기,
산책하며 만나는 이름 모를 꽃

그것들은 나를 한 순간에 다른 시공간으로 옮겨갔다.
분명 같은 시간 같은 공간인데
전혀 다른 세상이 되어 버린다.

현실도피가 아닌, 잠시 숨을 돌리고 다시 돌아와
유연하게 살아갈 수 있도록 도와주는,

우울의 늪에서 빠져나오는데 도움을 주는
항우울제 같은 고마운 것들

고마운 선물

분명 예술에는 설명하기 어려운 힘이 있다.
만나서 대화 한 번 나눈 적 없는 사람이 그린 그림,
만든 노래, 창작한 시와 글을 보고
공감하고 위로를 받고 행복감을 느낀다.

신을 믿지 않지만 신이 있다면 예술은 힘든 세상
놓지 않고 살아갈 수 있도록
신이 만들어주신 선물일거다.

여행을 하지 않는 다는 건

세상은 한권의 책이다.
여행을 하지 않는 사람은
그 책의 한 페이지만을 읽는 것과 같다.
(St.Augustine)

마음이 지치고 힘들어
그만 살고 싶다는 생각에 이르렀다면
위 문장을 떠올려보자.

그저 한 페이지 한 문장을 읽고 느낀 감정으로
책 한권을 놓칠 수는 없잖아

분명 이 책 어딘가에 좋은 구석이 있을 거야

눈과 귀와 입과 손과 코로

글은 나를 끌어올린다. 나를 늪에서 건져 올린다. 혼자서 책을 읽을 때 마음에 와 닿는 구절을 눈에 담고, 입에 담고, 귀에 담는다. 가끔 손으로 따라 적기도 하니 손으로도 담고 읽는 순간 숨을 들이마시다 '헙'하고 숨을 멈추기 때문에 코로도 글을 읽는 순간을 담는다고 할 수 있겠다. 그런 순간이 너무 좋다. 그런 순간이 나를 살린다.

기분전환 메모장

'기분전환' 내 메모장에 담긴 수많은 글자들 중 한 보따리를 묶어 '기분전환'이라는 제목을 붙였다. 나는 기분이 울적할 때 기운이 빠질 때 어떻게 살아가야 할지 막막해 답답할 때 '기분전환'이라고 적힌 메모장을 자주 펼친다.

 그 안을 매우는 내용들을 몇 가지 읊어보자면 '오늘, 지금 여기, 이 순간, 여기서 행복할 것.' 책 읽기, 내 얘기 들어주기, 나에게 잘 해주기, 노래 듣기, 필사, 비건 베이킹, 사진 찍기, 밀크티, 꽃 바라보기, 산책하기, 비올 때 나는 향과 그 분위기와 같은 것들이 있다. 크게 연관이 없어 보여도 나에게는 내 기분을 통째로, 온통 바꿔버리는 것들이라는 의미에서 우주만큼 무한한 '하나'라고 할 수 있다.

내 마음을 만져주는 문장들과 음악, 잠시 스쳐가는 바람 어두운 기분을 밝게 바꾸어주는 것들은 모두 위대하다. 내 눈에 비친 저 별, 내 뺨을 부드럽게 훑고 지나는 바람, 차가운 풀 향기, 위대하다. 항상 내 옆에 있어 줄 무수히 많은 것들. 나는 지금, 여기에서 좋아하는 걸 더 좋아할 일만 남았다.

마음의 타이밍

마음에도 타이밍이 있대.
마음에 시기를 놓치지 말자
하고 싶을 때!
떠오를 때 해보자!

나를 살리는 대화

 기분의 100이 가장 신나고 밝은 상태라고 본다면 나는 평소 30 정도의 기분을 유지하며 살아간다. 30의 기분은 잔잔한 기분이다. 기분이 잔잔하다고 해서 꼭 우울하다거나 힘없이 비틀비틀한 모습으로 살아가는 건 아니다. 게다가 기쁨, 우울, 슬픔, 설렘, 허무, 고마움 수많은 감정들은 기분이 잔잔할 때에 가장 잘 들여다볼 수 있다.
 종종 기분이 50, 70, 그리고 100까지 올라갔을 때 내 기분이 더 크게 바닥 칠 거라는 걸 알기 때문에 나는 기분을 '30에서 50' 정도로 조절해 안정감을 지속시킨다.
 기분을 적절히 유지하기 위해, 혹은 높이 솟았던 기분이 바닥을 쳐 늪에서 허우적거릴 때 나는 어떻게 해야 하나..

 나는 그 동안 긁어모아뒀던 좋은 문장들을 하나하나 꺼내 보고, 읽고, 말한다. 좋은 문장은 책 속에 줄 쳐 놓은 문장일 수도, 메모장에 흩날리게 적어 놓은 문장일 수도, 친구와의 대화 내용 속, 혹은 핸드폰 사진첩 안에 담긴 글자일 수도 있다. 이토록 문장을 모아서 보고, 읽고, 말하는 이유.

 그래, 글은 나를 끌어올린다. 나를 늪에서 건져 올린다. 혼자서 책을 읽을 때, 나는 마음에 와 닿는 구절을 눈에 담고, 입에 담고, 귀에 담는다. 가끔 손으로 따라 적기도 하니 손으로도 담고 읽는 순간 숨을 들이마시다 '헙'하고 숨을 멈추기 때문에 코로도 글을 읽는 순간을 담는다고 할 수 있겠다. 그런 순간이 너무 좋다. 그런 순간이 나를 살린다.

 친구와의 일상 대화는 물론 책에 관한 이야기를 나

누는 시간도 참 좋다. 네가 나보다 내가 너보다 더 많은 글을 읽어 더 많은 것을 알고 있다. '누가누가 잘랐나.' 대결식 대화가 아닌, "내가 좋아하는 글은" "내가 최근에 엄청 좋은 글을 발견했는데" "다음에 너도 읽어 봐. 너의 마음에도 가닿았으면 더없이 좋겠다." 이런 종류의 대화가 오간다면 부러울 것이 없다.

 별것 아닌 듯한 농담을 주고받는 순간도 참 좋다. 농담을 들었을 때 괜히 입에서 나오는 '푸스스' 입술에 스치는 바람, 귓가에 간지럽게 울리는 웃음소리가 좋다. 나는 농담도 여유가 있을 때나 하는 거라는 믿음을 가졌는데 농담을 할 여유를 만드는 건 '나'라는 걸 알게 되니 내가 농담을 할 수 있다는 것이 좋다.

 좋아하는 음악의 가사가 와 닿을 때, 멜로디가 마음을 흔들 때, 그럴 때. 음악이 꼭 나에게 말을 걸어오는 듯 할 때 그 순간이 나를 살아가게 한다. 나는 두 눈을 꼭 감고 음악소리가 이어폰 사이로 흘러 나갈 새라 이어폰을 꽉 눌러 귀 기울이며 감정을 쏟는다. 보고 듣고 느끼는 모든 것 나를 살아가게 하는 것이 이토록 많아서 아직도 내가 살아있음을 느낀다.

선물 받은 향수

 나에게 명절은 선물 받은 향수와 같다. 처음 맡아본 향수는 아니지만 이맘때가 될 때마다 반드시 꺼내 맡게 되는 향수.

 명절 향수는 기억을 불러와 내가 매해 가을, 혹은 겨울을 어떻게 맞이했었는지 떠올리게 한다. 유치원, 중학교, 대학교, 아르바이트를 하던 시절의 나. '그땐 그랬지.' 한 번 떠올려 보고, 할머니 할아버지, 사촌들과 만나 어색한 웃음도 지어보고, 맛있는 음식도 먹고 함께 TV도 보고 "어유. 우리 똥강아지" 하며 주름지고 건조한 손바닥으로 내 양볼을 부비 던 할머니. 명절마다 날 보고 "가장 막내는 아니지만 가장 예쁘다." 라고 말해주시던, 정정하신 할아버지. 이젠 볼 수 없지만 기억 속에 선명히 남아있는 순간들..

참 그리운 풍경들

 명절 향수를 맡고 가장 아련하게 떠오르는 기억을 꼽아보라면 '나의 어린 시절을 보낸 동네를 산책하는 것' 할머니 할아버지 댁 가까이에 살았었던 터라 명절에 어른들을 뵈러 가면 언니와 함께 내가 살던 동네 산책을 꼭! 했다. 그때는 코로나가 없던 시절이라 마스크 없이 그날만의 특별한 바람을 온 얼굴로 맞으며, 시원 달달한 음료수를 마시면서 동네를 터덜터덜 걸을 수 있었는데, 그때가 참 그립다. 아마 '여유'를 가진 채로 산책을 했었기에 더 '그리움'이 남는 게 아닐까 싶다.

 선물과 같은 명절 향수가 불러오는 '여유'와 '그리움' 바쁜 일상을 한없이 달리다 잠시 멈춰 숨을 돌릴 수 있는 선물 같은 날, 여유를 가지고 무언가 그리워할 수 있는 날.

'명절' 옛 조상님들이 너무나도 지치고 힘들 때 쉬어 갈 수 있도록, 소중한 순간들을 돌아볼 수 있도록, 나와 주변의 소중한 사람을 돌볼 수 있도록 우리에게 남기고 간 선물이 아닐까 싶다. 명절에 더 고되고 외로운 이들도 분명 있을 테지만.. 혹여 주변에 그런 사람이 있다면, 지금 이 글을 읽고 떠오르는 사람이 있다면 명절 향수를 함께 맡을 수 있도록 안부를 묻고 마음을 전해보자.

디자인, 고민의 흔적

산책

기로판본

살기위해   기로판본

어쩌면 나와   당신의 이야기

어쩌면 나와 당신의 이야기

산책

살기 위해 기분전환

어쩌면 나와 당신의 이야기

발행일 2022년 10월 4일

글·구성 임효경

디자인 임효경

펴낸 곳 전환

펴낸이 임효경

등록일자 2022년 9월 16일

등록번호 제 2022-000103호

전자우편 r.jqnrdl7519@naver.com

대표전화 010-4494-2021